하루 10분 알파벳·영단어 따라쓰기

키즈키즈 교육연구소 지음

미래주니어

차례

1. 알파벳 따라쓰기

[재미있는 알파벳 퀴즈]

2. 영단어 따라쓰기

[재미있는 영단어 퀴즈]

3. 주제별 따라쓰기

초등 영어의 기초를 쌓고 자신감을 키워 주는
<하루 10분 알파벳·영단어 따라쓰기>

꾸준히 할 수 있는 '영어 공부 습관'이 중요합니다.

영어 공부의 첫 시작은 알파벳 익히기에서 시작합니다. 부담 없이 알파벳을 익히고 영단어를 자연스럽게 접해야 영어에 대한 흥미가 생겨납니다. 단 며칠 만에 알파벳을 익히고 수백 개의 영단어 마스터에 집중하다 보면 영어가 어렵게만 느껴집니다. 초등 영어 공부는 '영단어 마스터'가 아닌 꾸준히 할 수 있는 '영어 공부 습관'이 중요합니다. 한글도 자음과 모음을 쓰는 순서부터 따라 쓰며 배우듯이 알파벳도 쓰는 순서에 맞게 차근차근 배워야 합니다. 처음부터 사선에 맞춰 바르게 익힌 알파벳은 예쁜 글씨체를 만들어 주고 학습에 필요한 자신감도 키워 줍니다.

'쓰기'는 기억력을 높이는 가장 효과적인 방법입니다.

A부터 Z까지 알파벳을 익힌 다음에는 각 알파벳으로 시작하는 대표 영단어를 외우는 것이 기본적인 순서입니다. 알파벳순으로 배우는 영단어는 그동안 눈에 익었던 단어를 다시 한 번 점검하는 데 체크리스트가 되어 줍니다. 또한 알파벳순에 따라 여러 개의 단어를 연상하거나 놀이에 활용하는 데도 유용합니다.

눈으로만 익힌 영단어는 읽을 줄은 알아도 실제 써 보면 스펠링을 바르게 기억하지 못하는 경우가 많습니다. 직접 손으로 또박또박 쓰면서 영단어를 익히는 것이 기억력을 높이고 영단어를 오래 기억하는 데 효과적입니다.

ABCD

쉽게 따라 쓰며 영어 자신감을 키우는 '첫 단계 영어 책'

〈하루 10분 알파벳·영단어 따라쓰기〉는 영어를 처음 시작하는 아이들을 위한 책으로 알파벳부터 초등 기초 영단어를 익힐 수 있습니다. 알파벳 26개의 대소문자 따라쓰기부터 A부터 Z까지 알파벳순으로 정리한 280여 개의 기초 영단어를 한 권에 담았습니다.

본문은 영어 쓰기 노트 형식으로 구성하고, 쓰기 란을 충분히 만들었습니다. 알파벳과 영단어 따라쓰기의 기본기에 충실한 책으로 부담 없이 따라 쓰며 초등 영어의 기초를 쌓을 수 있습니다. 매일 분량을 정해 놓고 꾸준히 따라 쓰다 보면 자연스럽게 영어 자신감과 공부 습관이 길러집니다.

꾸준히 따라쓰기를 할 수 있도록 격려해 주세요.

따라쓰기는 처음부터 욕심을 내어 하루에 여러 장을 쓰지 않도록 합니다. 한 번에 많이 쓰는 것보다 매일 꾸준히 쓰는 연습을 하는 것이 알파벳과 함께 기초 영단어를 익히는 데 더욱 효과적입니다.

'칭찬은 고래도 춤추게 한다.'는 말이 있습니다. 부모의 말 한마디에 아이는 자신감을 가지고 꾸준히 학습할 수 있는 용기를 얻습니다. 작은 변화에도 관심을 가져 주고 아낌없이 칭찬해 주어야 합니다.

 대문자 A와 소문자 a를 순서대로 따라 써 보세요.

아래 줄에 맞춰 대문자와 소문자를 써 보세요.

 대문자 B와 소문자 b를 순서대로 따라 써 보세요.

아래 줄에 맞춰 대문자와 소문자를 써 보세요.

대문자 C와 소문자 c를 순서대로 따라 써 보세요.

C	C	C	C		
c	c	c	c		

아래 줄에 맞춰 대문자와 소문자를 써 보세요.

C C C

c c c

 대문자 D와 소문자 d를 순서대로 따라 써 보세요.

D D D D

d d d d

아래 줄에 맞춰 대문자와 소문자를 써 보세요.

D D D

d d d

 대문자 E와 소문자 e를 순서대로 따라 써 보세요.

아래 줄에 맞춰 대문자와 소문자를 써 보세요.

 대문자 F와 소문자 f를 순서대로 따라 써 보세요.

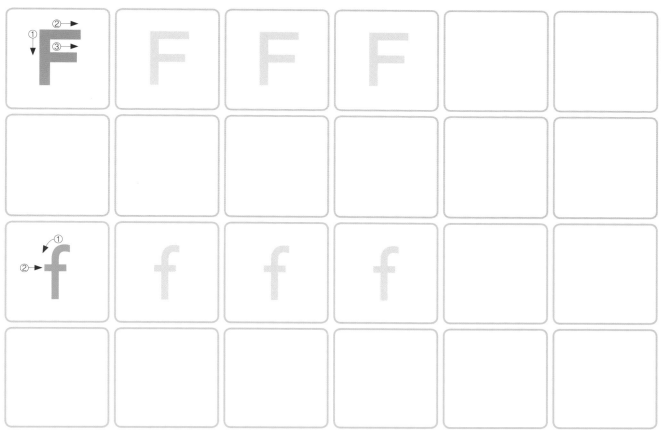

아래 줄에 맞춰 대문자와 소문자를 써 보세요.

월 일

🐰 대문자 G와 소문자 g를 순서대로 따라 써 보세요.

🐻 아래 줄에 맞춰 대문자와 소문자를 써 보세요.

G G G

g g g

🐰 대문자 H와 소문자 h를 순서대로 따라 써 보세요.

🐻 아래 줄에 맞춰 대문자와 소문자를 써 보세요.

 대문자 I와 소문자 i를 순서대로 따라 써 보세요.

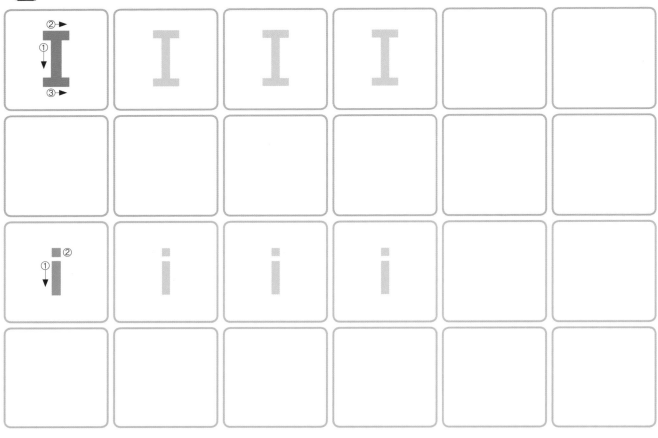

 아래 줄에 맞춰 대문자와 소문자를 써 보세요.

🐰 대문자 J와 소문자 j를 순서대로 따라 써 보세요.

🐻 아래 줄에 맞춰 대문자와 소문자를 써 보세요.

J J J

j j j

 대문자 K와 소문자 k를 순서대로 따라 써 보세요.

아래 줄에 맞춰 대문자와 소문자를 써 보세요.

월   일

 대문자 L과 소문자 l를 순서대로 따라 써 보세요.

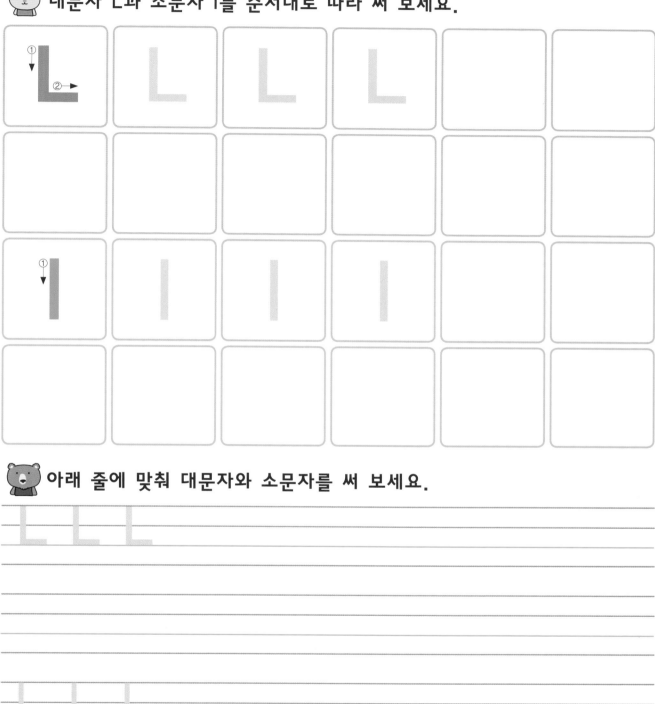

🐻 아래 줄에 맞춰 대문자와 소문자를 써 보세요.

 대문자 M과 소문자 m을 순서대로 따라 써 보세요.

M	M	M	M		

m	m	m	m		

아래 줄에 맞춰 대문자와 소문자를 써 보세요.

M M M

m m m

 대문자 N과 소문자 n을 순서대로 따라 써 보세요.

N N N N

n n n n

🐻 아래 줄에 맞춰 대문자와 소문자를 써 보세요.

N N N

n n n

 대문자 O와 소문자 o를 순서대로 따라 써 보세요.

아래 줄에 맞춰 대문자와 소문자를 써 보세요.

 대문자 P와 소문자 p를 순서대로 따라 써 보세요.

아래 줄에 맞춰 대문자와 소문자를 써 보세요.

 대문자 Q와 소문자 q를 순서대로 따라 써 보세요.

아래 줄에 맞춰 대문자와 소문자를 써 보세요.

Q Q Q

q q q

 대문자 R과 소문자 r을 순서대로 따라 써 보세요.

🐻 아래 줄에 맞춰 대문자와 소문자를 써 보세요.

Ss

🐰 대문자 S와 소문자 s를 순서대로 따라 써 보세요.

S①	S	S	S		
s①	s	s	s		

🐻 아래 줄에 맞춰 대문자와 소문자를 써 보세요.

S S S

s s s

 대문자 T와 소문자 t를 순서대로 따라 써 보세요.

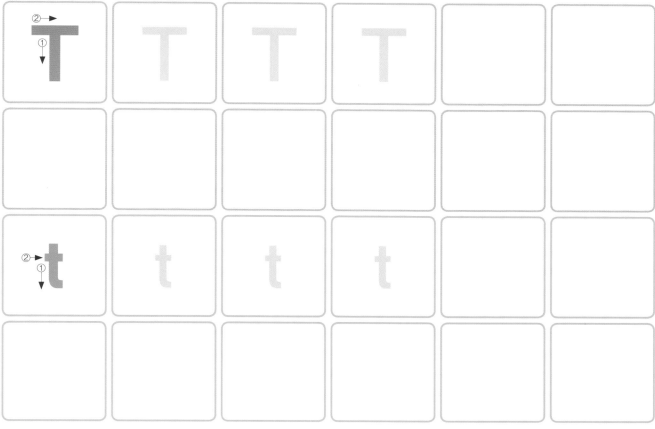

🐻 아래 줄에 맞춰 대문자와 소문자를 써 보세요.

Uu

🐰 대문자 U와 소문자 u를 순서대로 따라 써 보세요.

🐻 아래 줄에 맞춰 대문자와 소문자를 써 보세요.

U U U

u u u

 대문자 V와 소문자 v를 순서대로 따라 써 보세요.

아래 줄에 맞춰 대문자와 소문자를 써 보세요.

 대문자 W와 소문자 w를 순서대로 따라 써 보세요.

① W W W W

① w w w w

아래 줄에 맞춰 대문자와 소문자를 써 보세요.

W W W

w w w

 대문자 X와 소문자 x를 순서대로 따라 써 보세요.

아래 줄에 맞춰 대문자와 소문자를 써 보세요.

 대문자 Y와 소문자 y를 순서대로 따라 써 보세요.

아래 줄에 맞춰 대문자와 소문자를 써 보세요.

 대문자 Z와 소문자 z를 순서대로 따라 써 보세요.

아래 줄에 맞춰 대문자와 소문자를 써 보세요.

대문자 A부터 Z까지 순서대로 따라 써 보세요.

ABCDEFGHIJKLM

NOPQRSTUVWXYZ

🐻 소문자 a부터 z까지 순서대로 따라 써 보세요.

a b c d e f g h i j k l m

n o p q r s t u v w x y z

1 같은 알파벳 대문자와 소문자를 줄로 연결하세요.

A B E F G H J M

a e f b j h m g

2 대문자와 짝을 이루도록 빈칸에 알맞은 소문자를 쓰세요.

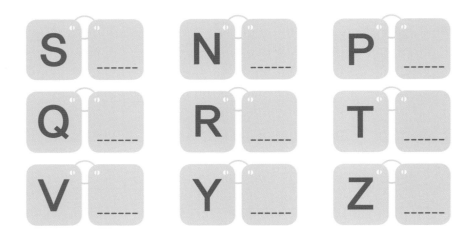

S ____   N ____   P ____

Q ____   R ____   T ____

V ____   Y ____   Z ____

정답

2. Ss, Qq, Vv, Nn, Rr, Yy, Pp, Tt, Zz

1. Aa, Bb, Ee, Ff, Gg, Hh, Jj, Mm

3 아래 네모 칸에 있는 소문자를 모두 찾아 O표 하세요.

a ᵉ d L ɡ Q R t G

B M f ᵐ q F T

4 순서에 맞게 빈칸에 알맞은 알파벳을 쓰세요.

A B C ☐ E F ☐ H I

J K L M N O P ☐ R

S T ☐ V W X ☐ Z

 Aa로 시작하는 영단어를 따라 써 보세요.

ant
ant　ant　ant　ant　ant

개미

air
air　air　air　air　air

공기

apple
apple　apple　apple　apple

사과

animal
animal　animal　animal

동물

art   art   art   art   art   art

예술

artist   artist   artist   artist   artist

예술가

album   album   album   album   album

앨범

airplane   airplane   airplane   airplane

비행기

Bb

 Bb로 시작하는 영단어를 따라 써 보세요.

bag bag bag bag bag bag

가방

bus bus bus bus bus bus

버스

bear bear bear bear bear

곰

bird bird bird bird bird bird

새

baby
아기

book
책

body
몸

birthday
생일

Cc

 Cc로 시작하는 영단어를 따라 써 보세요.

car   car   car   car   car   car

자동차

cat   cat   cat   cat   cat   cat

고양이

cup   cup   cup   cup   cup   cup

컵

cake   cake   cake   cake   cake

케이크

candy
candy candy candy candy

캔디

color
color color color color

색깔

chair
chair chair chair chair

의자

child
child child child child

어린이

Dd

🐰 Dd로 시작하는 영단어를 따라 써 보세요.

dog
dog　dog　dog　dog　dog

개

desk
desk　desk　desk　desk

책상

doll
doll　doll　doll　doll　doll

인형

doctor
doctor　doctor　doctor

의사

duck
duck   duck   duck   duck

오리

dish
dish   dish   dish   dish

접시

dress
dress   dress   dress   dress

드레스

dance
dance   dance   dance

춤

 Ee로 시작하는 영단어를 따라 써 보세요.

egg ~~egg~~ ~~egg~~ ~~egg~~ ~~egg~~ ~~egg~~

달걀

end end end end end end

끝

east east east east east east

동쪽

earth earth earth earth earth

지구

eraser   eraser   eraser   eraser

지우개

evening   evening   evening   evening

저녁

elephant   elephant   elephant

코끼리

English   English   English   English

영어

재미있는 영단어 퀴즈

1 아래 뜻에 알맞은 단어를 찾아 줄로 연결하세요.

비행기	컵	고양이	인형	달걀

cat	airplane	egg	cup	doll

2 아래 보기에서 알맞은 단어를 찾아 쓰세요.

보기

desk elephant cake bus

코끼리 ____________ 책상 ____________

케이크 ____________ 버스 ____________

정답

1. 비행기 airplane / 컵 cup / 고양이 cat / 인형 doll / 달걀 egg
2. 코끼리 elephant / 케이크 cake / 책상 desk / 버스 bus

3 아래 단어에 해당하는 뜻을 각각 쓰세요.

ant _____   doctor _____

animal _____   duck _____

book _____   earth _____

chair _____   car _____

4 빈칸에 알맞은 단어를 쓰고 퍼즐을 완성하세요.

곰

앨범 | a | | b | | |

사과 | a | | | |

새

아기 | b | | b | |

개 | d | | |

 Ff로 시작하는 영단어를 따라 써 보세요.

face
face　face　face　face

얼굴

food
food　food　food　food

음식

fruit
fruit　fruit　fruit　fruit

과일

fish
fish　fish　fish　fish

물고기

frog
개구리

family
가족

flower
꽃

friend
친구

 Gg로 시작하는 영단어를 따라 써 보세요.

girl   girl   girl   girl   girl   girl

소녀

game   game   game   game   game

게임

glass   glass   glass   glass   glass

유리

gold   gold   gold   gold   gold

금색

gift
선물

gift　gift　gift　gift　gift

gate
문

gate　gate　gate　gate　gate

garden
정원

garden　garden　garden

giraffe
기린

giraffe　giraffe　giraffe

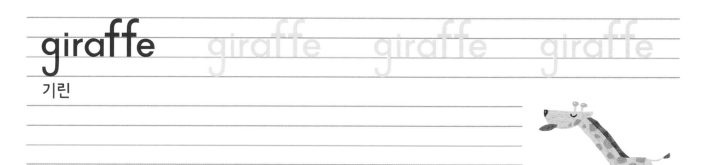

51

Hh

 Hh로 시작하는 영단어를 따라 써 보세요.

hat hat hat hat hat hat

모자

hair hair hair hair hair hair

머리카락

hill hill hill hill hill hill

언덕

house house house house house

집

horse
horse   horse   horse   horse

말

hobby
hobby   hobby   hobby   hobby

취미

homework
homework   homework

숙제

hospital
hospital   hospital   hospital

병원

 Ii로 시작하는 영단어를 따라 써 보세요.

ice   ice   ice   ice   ice   ice

얼음

ice cream   ice cream   ice cream

아이스크림

ink   ink   ink   ink   ink   ink

잉크

idea   idea   idea   idea   idea   idea

아이디어

image image image image image
이미지

insect insect insect insect insect
곤충

island island island island island
섬

index index index index index
찾아보기

Jj

 Jj로 시작하는 영단어를 따라 써 보세요.

jam
잼
jam jam jam jam jam

jelly
잴리
jelly jelly jelly jelly jelly

job
직업
job job job job job

jacket
재킷
jacket jacket jacket

jeans   jeans   jeans   jeans   jeans

청바지

joke   joke   joke   joke   joke

농담

jewel   jewel   jewel   jewel   jewel

보석

jump rope   jump rope   jump rope

줄넘기

1 아래 뜻에 알맞은 단어를 찾아 줄로 연결하세요.

| 얼굴 | 정원 | 모자 | 잉크 | 직업 |

| garden | hat | face | job | ink |

2 아래 보기에서 알맞은 단어를 찾아 쓰세요.

보기

house family jewel game

가족 _____   게임 _____

집 _____   보석 _____

58

3 아래 단어에 해당하는 뜻을 각각 쓰세요.

fish _____   hill _____

flower _____   island _____

giraffe _____   jam _____

hospital _____   jump rope _____

4 빈칸에 알맞은 단어를 쓰고 퍼즐을 완성하세요.

소녀

개구리 | f | | | g |

아이디어

과일

| g | | f |

선물

얼음 | i | |

Kk

 Kk로 시작하는 영단어를 따라 써 보세요.

king king king king king king

왕

key key key key key key

열쇠

kiwi kiwi kiwi kiwi kiwi kiwi

키위

knee knee knee knee knee

무릎

knife
knife knife knife knife

칼

koala
koala koala koala koala

코알라

kitty
kitty kitty kitty kitty kitty

새끼 고양이

Korean
Korean Korean Korean

국어

 Ll로 시작하는 영단어를 따라 써 보세요.

lion　lion　lion　lion　lion　lion

사자

lady　lady　lady　lady　lady　lady

숙녀

lake　lake　lake　lake　lake　lake

호수

land　land　land　land　land　land

땅

lamp   lamp   lamp   lamp   lamp   lamp

램프

love   love   love   love   love   love

사랑

letter   letter   letter   letter   letter

편지

library   library   library   library

도서관

Mm

 Mm로 시작하는 영단어를 따라 써 보세요.

map map map map map map

지도

moon moon moon moon moon

달

mirror mirror mirror mirror mirror

거울

money money money money money

돈

mouse mouse mouse mouse mouse

쥐

monkey monkey monkey monkey

원숭이

movie movie movie movie movie

영화

music music music music music

음악

 Nn로 시작하는 영단어를 따라 써 보세요.

name name name name name

이름

nature nature nature nature

자연

number number number number

숫자

nurse nurse nurse nurse nurse

간호사

66

night
night   night   night   night

밤

north
north   north   north   north

북쪽

news
news   news   news   news

뉴스

newspaper
newspaper   newspaper

신문

Oo

🐰 Oo로 시작하는 영단어를 따라 써 보세요.

oil   oil   oil   oil   oil   oil

기름

onion   onion   onion   onion   onion

양파

oven   oven   oven   oven   oven

오븐

owl   owl   owl   owl   owl   owl

부엉이

ocean   ocean   ocean   ocean   ocean

대양

organ   organ   organ   organ   organ

오르간

office   office   office   office   office

사무실

octopus   octopus   octopus   octopus

문어

재미있는 영단어 퀴즈

1 아래 뜻에 알맞은 단어를 찾아 줄로 연결하세요.

코알라	사자	음악	북쪽	오르간

koala	music	lion	north	organ

2 아래 보기에서 알맞은 단어를 찾아 쓰세요.

> **보기**
>
> library　number　key　letter

열쇠 _____　　도서관 _____

편지 _____　　숫자 _____

70

③ 아래 단어에 해당하는 뜻을 각각 쓰세요.

knife _____   monkey _____

lake _____   nurse _____

land _____   night _____

mirror _____   octopus _____

④ 빈칸에 알맞은 단어를 쓰고 퍼즐을 완성하세요.

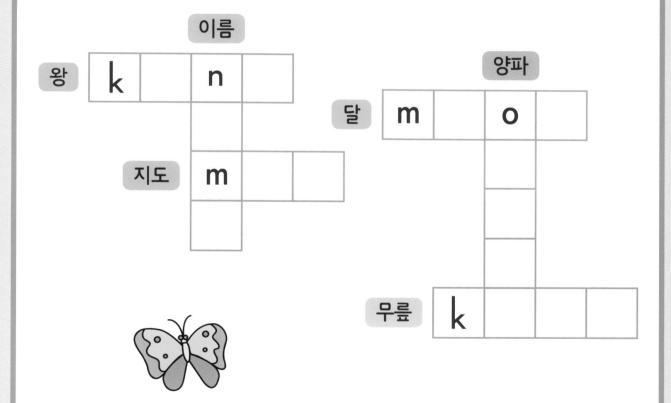

이름

왕 | k | | n | |

지도 | m | | |

양파

달 | m | | o | |

무릎 | k | | | |

 Pp로 시작하는 영단어를 따라 써 보세요.

pig
pig pig pig pig pig

돼지

piano
piano piano piano piano

피아노

pencil
pencil pencil pencil pencil

연필

paper
paper paper paper paper

종이

party
party   party   party   party

파티

potato
potato   potato   potato   potato

감자

picture
picture   picture   picture

그림

princess
princess   princess   princess

공주

 Q9로 시작하는 영단어를 따라 써 보세요.

queen
queen queen queen queen

여왕

quiz
quiz quiz quiz quiz quiz

퀴즈

quilt
quilt quilt quilt quilt quilt

퀼트

question
question question question

질문

quality
quality quality quality

품질

quiet
quiet quiet quiet quiet quiet

조용한

quick
quick quick quick quick

빠른

quarter
quarter quarter quarter

4분의 1

Rr

🐰 Rr로 시작하는 영단어를 따라 써 보세요.

road road road road road

도로

river river river river river

강

ring ring ring ring ring

반지

rabbit rabbit rabbit rabbit rabbit

토끼

robot
robot robot robot robot

로봇

radio
radio radio radio radio

라디오

rain
rain rain rain rain rain

비

rainbow
rainbow rainbow rainbow

무지개

Ss

🐰 Ss로 시작하는 영단어를 따라 써 보세요.

sea sea sea sea sea sea

바다

sun sun sun sun sun sun

태양

snow snow snow snow snow

눈

star star star star star star

별

shoes

shoes   shoes   shoes   shoes

신발

salt

salt   salt   salt   salt   salt

소금

sugar

sugar   sugar   sugar   sugar

설탕

school

school   school   school

학교

 Tt로 시작하는 영단어를 따라 써 보세요.

toy   toy   toy   toy   toy   toy

장난감

table   table   table   table   table

탁자

tree   tree   tree   tree   tree   tree

나무

taxi   taxi   taxi   taxi   taxi   taxi

택시

tiger tiger tiger tiger tiger

호랑이

teacher teacher teacher teacher

선생님

train train train train train

기차

travel travel travel travel travel

여행

1 아래 뜻에 알맞은 단어를 찾아 줄로 연결하세요.

| 피아노 | 여왕 | 비 | 바다 | 장난감 |

| sea | piano | rain | toy | queen |

2 아래 보기에서 알맞은 단어를 찾아 쓰세요.

보기

snow   potato   tiger   rabbit

감자 _____   눈 _____

토끼 _____   호랑이 _____

82

3 아래 단어에 해당하는 뜻을 각각 쓰세요.

pencil _____   radio _____

princess _____   salt _____

quiz _____   teacher _____

river _____   taxi _____

4 빈칸에 알맞은 단어를 쓰고 퍼즐을 완성하세요.

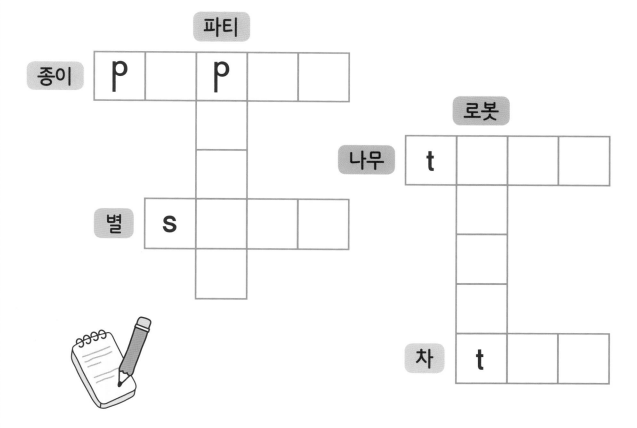

🐰 Uu로 시작하는 영단어를 따라 써 보세요.

use　use　use　use　use　use

사용

umbrella　umbrella　umbrella

우산

uniform　uniform　uniform　uniform

제복

underwear　underwear　underwear

속옷

universe universe universe universe

우주

university university university

대학교

ukulele ukulele ukulele ukulele

우쿨렐레

ugly ugly ugly ugly ugly

못생긴

 Vv로 시작하는 영단어를 따라 써 보세요.

vase
vase vase vase vase vase

꽃병

video
video video video video

비디오

vest
vest vest vest vest vest

조끼

voice
voice voice voice voice

목소리

violin
violin violin violin violin

바이올린

vegetable
vegetable vegetable

채소

vacation
vacation vacation

방학

volleyball
volleyball volleyball

배구

 Ww로 시작하는 영단어를 따라 써 보세요.

way way way way way way

길

water water water water water

물

wood wood wood wood wood

나무

watch watch watch watch watch

손목시계

world
world world world world

세계

wind
wind wind wind wind

바람

wing
wing wing wing wing

날개

winter
winter winter winter winter

겨울

Xx Yy Zz

🐰 Xx Yy Zz로 시작하는 영단어를 따라 써 보세요.

X-ray   X-ray   X-ray   X-ray
엑스레이

xylophone   xylophone   xylophone
실로폰

year   year   year   year   year   year
년

yoga   yoga   yoga   yoga   yoga
요가

yacht   yacht   yacht   yacht   yacht

요트

zero   zero   zero   zero   zero   zero

(숫자) 영

zoo   zoo   zoo   zoo   zoo   zoo

동물원

zebra   zebra   zebra   zebra   zebra

얼룩말

재미있는 영단어 퀴즈

1 아래 뜻에 알맞은 단어를 찾아 줄로 연결하세요.

| 우산 | 꽃병 | 바이올린 | 물 | 요트 |

| water | violin | vase | umbrella | yacht |

2 아래 보기에서 알맞은 단어를 찾아 쓰세요.

보기

vest   university   wood   winter

대학교 _____   겨울 _____

조끼 _____   나무 _____

③ 아래 단어에 해당하는 뜻을 각각 쓰세요.

uniform _____   watch _____

video _____   world _____

vegetable _____   wind _____

vacation _____   yoga _____

④ 빈칸에 알맞은 단어를 쓰고 퍼즐을 완성하세요.

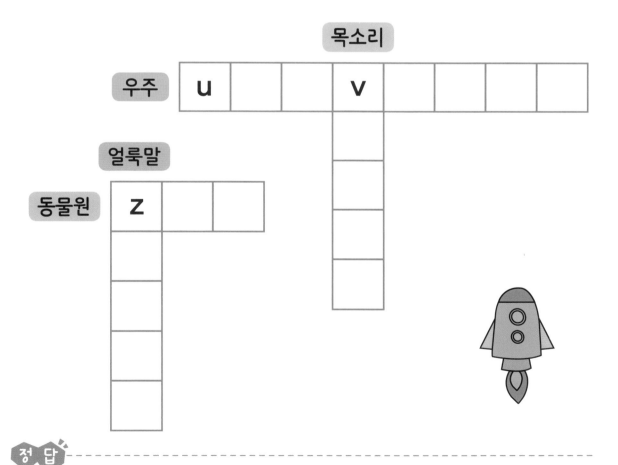

목소리

우주 | u | | | v | | | |

얼룩말

동물원 | z | |

인사말 Greeting

Hi!   Hi!   Hi!   Hi!   Hi!   Hi!
안녕.

Hello!   Hello!   Hello!   Hello!
안녕하세요.

Bye!   Bye!   Bye!   Bye!   Bye!
잘 가.

Goodbye!   Goodbye!   Goodbye!
안녕히 가세요.

Good morning!   Good morning!
(아침 인사) 안녕하세요.

Good afternoon!

(오후 인사) 안녕하세요.

Good evening!

(저녁 인사) 안녕하세요.

Good night!

(밤 인사) 안녕히 주무세요.

Nice to meet you.

만나서 반가워요.

See you again.

또 만나요.

숫자 Numbers

one   one   one   one   one   one

1, 하나

123

two   two   two   two   two   two

2, 둘

three   three   three   three   three   three

3, 셋

four   four   four   four   four   four

4, 넷

five   five   five   five   five   five

5, 다섯

six six six six six six

6, 여섯

seven seven seven seven seven

7, 일곱

eight eight eight eight eight

8, 여덟

nine nine nine nine nine nine

9, 아홉

ten ten ten ten ten ten

10, 열

색깔 Colors

white   white   white   white   white

흰색

black   black   black   black   black

검은색

gray   gray   gray   gray   gray

회색

red   red   red   red   red   red

빨간색

blue   blue   blue   blue   blue   blue

파란색

yellow
노란색

green
초록색

orange
주황색

pink
분홍색

brown
갈색

과일 Fruits

grape   grape   grape   grape   grape

포도

peach   peach   peach   peach   peach

복숭아

pear   pear   pear   pear   pear   pear

배

strawberry   strawberry   strawberry

딸기

watermelon   watermelon   watermelon

수박

banana
banana   banana   banana

바나나

melon
melon   melon   melon   melon

멜론

lemon
lemon   lemon   lemon   lemon

레몬

orange
orange   orange   orange

오렌지

pineapple
pineapple   pineapple

파인애플

음식 Foods

rice rice rice rice rice rice

쌀, 밥

bread bread bread bread bread

빵

noodle noodle noodle noodle

국수

pizza pizza pizza pizza pizza

피자

sandwich sandwich sandwich

샌드위치

cookie
쿠키

cheese
치즈

meat
고기

milk
우유

juice
주스

얼굴과 몸 Face & Body

eye   eye   eye   eye   eye   eye

눈

nose   nose   nose   nose   nose   nose

코

mouth   mouth   mouth   mouth   mouth

입

ear   ear   ear   ear   ear   ear

귀

head   head   head   head   head

머리

neck neck neck neck neck

목

arm arm arm arm arm arm

팔

hand hand hand hand hand

손

finger finger finger finger finger

손가락

foot foot foot foot foot foot

발

가족 Family

mom
mom   mom   mom   mom   mom

엄마

dad
dad   dad   dad   dad   dad

아빠

mother
mother   mother   mother

어머니

father
father   father   father

아버지

grandmother
grandmother   grandmother

할머니

grandfather
할아버지

sister
언니, 누나, 여동생

brother
오빠, 형, 남동생

uncle
삼촌

aunt
이모, 고모

집 House

room room room room room room

방

door door door door door door

문

roof roof roof roof roof roof

지붕

floor floor floor floor floor floor

마루

window window window window

창문